艺术品拍卖投资考成汇典系列

Yi Shu Pin Pai Mai
Tou Zi Kao Cheng Hui Dian Xi Lie

中国古代柴木家具拍卖投资考成汇典

关毅 编著

ZHONG GUO GU DAI
CHAI MU JIA JU
PAI MAI TOU ZI
KAO CHENG HUI DIAN

中国书店

图书在版编目（CIP）数据

中国古代柴木家具拍卖投资考成汇典 / 关毅编著. – 北京：
中国书店, 2014.1
ISBN 978-7-5149-0884-8

Ⅰ. ①中　　Ⅱ. ①关　　Ⅲ. ①木家具—拍卖
市场—研究—中国 Ⅳ. ①F724.785

中国版本图书馆CIP数据核字(2013)第259647号

中国古代柴木家具拍卖投资考成汇典

选题策划：春晓伟业
作　　者：关毅
责任编辑：杭玫
装帧设计：耕莘文化

出版发行：中国书店
地　　址：北京市西城区琉璃厂东街115号
邮　　编：100050
印　　刷：北京市圣彩虹制版印刷技术有限公司
开　　本：889mm×1194mm　1 / 16
版　　次：2014年1月第1版　2014年1月第1次印刷
字　　数：200千字
印　　张：15
书　　号：ISBN 978-7-5149-0884-8
定　　价：398.00元

作者简介

关毅，字道远，号理成居士，清皇室满族镶黄旗人，
文物鉴赏家，收藏家，宫廷家具修复专家。
现任中国文物学会传统建筑园林委员会副秘书长，
中国紫禁城学会理事，
北京世纪宣和中式古典家具技术研究院院长，
著名红木企业太和木作创办人，
故宫博物院乾隆花园古旧文物家具修复研究项目负责人。
关毅先生长期从事古旧文物家具鉴定研究、修复的工作，
他所修复的古家具还原了古典家具的历史风格，恢复了其应有的
艺术价值。

2007年

关毅先生为北京奥运会设计的作品"中华玉文房"紫檀木提匣被
瑞士洛桑奥林匹克博物馆永久收藏。

2008年

2008年至今，关毅先生亲自主持故宫博物院乾隆花园古旧文物家
具勘察修缮与内檐装修大修工程，抢救了大量珍贵的历史文物。

2010年9月

关毅先生主持修复的"乾隆花园古典家具与内装修设计展"，在美
国马萨诸塞州皮博迪埃塞克斯博物馆正式向公众开放。轰动全美。

2011年1月31日

关毅先生主持修复的部分文物家具在美国纽约大都会艺术博物馆
举办的"养性怡情乾隆珍宝展"中惊艳全球。

2012年6月12日—10月14日

庆祝香港回归十五周年，关毅先生主持修复的故宫乾隆文物家具
展在香港隆重举办，成为中华民族文化史上一大盛事。

关毅先生同时担纲多家拍卖公司艺术品投资顾问，经其鉴定修复
的古家具不计其数。

关毅先生出身满族世家，系清皇室贵胄，自幼诗礼传家，年少时
留学海外，眼界高远，学贯中西，思接古今。

关毅先生研究古典家具独辟蹊径，学术研究与创新屡有超越前人
之处。

1. 关毅先生向诺贝尔和平奖获得者、南非共和国前总统德克勒克先生赠送"太和充满"牌匾

2. 古斯塔夫·艾克夫人曾佑和女士向关毅先生赠送《中国黄花梨家具图考》一书并题词

3. 香港著名古董家具收藏家、嘉木堂主人伍嘉恩女士莅临香港艺术馆

4. 香港著名古家具收藏家、"攻玉山房"主人叶承耀先生（左）莅临香港艺术馆

5. 关毅先生与故宫博物院研究馆员胡德生先生在故宫太和殿前合影。

6. 关毅先生亲自参与故宫文物勘察与修复

前　言

中国古代家具是中华民族传统文化中，遗存最丰富、内容最广泛并与社会生活联系最紧密的物质文化遗产。一件件精美的古代家具不仅是中国古代社会历史持续发展和生产力水平不断提高的缩影，更能映衬出各个历史时期在社会制度、思想文化、生活习俗、审美情趣等方面的成就和变迁。中国古代家具文化，无疑是博大精深的中华民族传统文化及华夏艺术宝库中最不可分割和最辉煌灿烂的重要组成部分。

面对如此浩瀚、深邃、厚重而又极具质感魅力的文化瑰宝，以我一个学戏剧出身的"门外汉"底子，企图从中获取一二心得，实有力不从心之感。我知道，这一切都是因为自己"盛名之下，其实难副"惹的祸。数年前，缘于自己血液之中那一点点"皇室血脉"的感召，加之从小浸染于金石书画、古玩瓷器之中，那一层层耳濡目染的精神发端，又承蒙中国文物学界专家、学者、朋辈师友们的提携和推举，个人勇于进取，一气呵成，创办了"北京世纪宣和中式古典家具技术研究院·太和木作"，并担任院长一职。"太和木作"视传统文化的仁、义、礼、智、信为纲常，奉传统制作工艺为圭臬，以新知而利天下。盖因于此，积个人多年夙愿，编辑完成了《中国古代家具拍卖投资考成汇典》丛书。可以说，是自己多年以来向喜好中国古典家具的读者朋友们交的一份答卷。

《中国古代家具拍卖投资考成汇典》系列丛书涵盖漆木、黄花梨木、紫檀木、红木和柴木等五个不同主题，旨在对近年来一浪高过一浪的国内古代家具市场，在"拍卖与投资"两大领域的湍急潮流之中，梳理出一条可知可鉴的"实物线索"，为热爱中式古典家具的朋友们，提供可资借鉴的参考。更希望它能成为广大家具收藏爱好者，实用而具指导意义的案头必备读物。

〇〇二

《中国古代家具拍卖投资考成汇典》系列丛书除按材质工艺分为上述五卷外，各卷均按照家具的使用功能将拍品大致分为坐具、卧具、放置陈设、贮藏、屏蔽、文房及其他六大类。经过精心挑选、认真辨伪，精选了近二十年间国内高端拍卖行的拍品，并附有详细的拍卖交易信息。同时按照家具的器形由简而繁，拍卖的价格由高到低，参照纹饰风格等，进行梳理排列，以求全面、客观、真实地反映中国古代家具的拍卖导向。

《中国古代家具拍卖投资考成汇典》系列丛书不仅具有很强的实用价值，还兼具一定的鉴赏价值。我们的意图是，让读者朋友们在实现快捷搜索和查询的同时，获得视觉和感观上的审美愉悦，以满足广大家具爱好者的投资和鉴赏需求。

《中国古代家具拍卖投资考成汇典》系列丛书秉承精益求精的原则，以谨慎入微的态度去遴选和甄别每一件拍品。真诚希望它们不但能成为古典家具断代、辨伪的标杆，同时也能让朋友们尽可能全面掌握古典家具拍卖投资的第一手资讯；将书中的相关拍卖知识融会贯通，转化成能提升收藏投资回报的最大收益。当然，更希望它能在近年来古典家具投资市场的无限商机中，提供给朋友们一个理性分析和灵动预测的参考空间，便于大众了解和掌握中国古典家具的精华。

古代中式家具的内涵极其广博，集材质美、造型雅、结构考究、工艺精湛于一体，有着深厚的人文内涵和隽永的艺术生命力，又因其独特的历史文化价值，具有很大的升值空间。今天，随着人们物质生活的蒸蒸日上，投身参与古代家具投资与收藏队伍的人越来越多，尽管我们每一个人对于古代中式家具的鉴赏能力，或良莠不齐，或见仁见智，但深入其中，终究能发现有许多"规律"可寻。这样的"规律"既代表了对于中国古代家具最高水平的鉴赏，同时也意味着它身处今天的市场经济中，真实可信的货币价格和历史文化的艺术人文的价值评估。

柯林武德说："过去的历史今天依然活着，它并没有死去。"每天穿梭于一地古香典雅、满眼历史印痕的故宫，日往月来，年复一年，对于古典家具的审美激情催人华发早生。看着眼前这累累的文字书稿，留连于一张张精致的古典家具图片，想着这些年来辛苦积攒起来的经验和心得，禁不住心情舒畅起来，产生许许多多"知遇"的感慨。这种舒畅是源远流长的中华传统文化赐予我的人生幸运，这样的"知遇"是无数热爱中国古代家具的人们，共同传递给我的美妙的福气，这样的知足感恩是自己心心念念积蓄起来的点点滴滴最真实的感受。

但愿我们的努力能为弘扬中华木作文化尽一份绵薄之力，则余愿足矣！

北京世纪宣和中式古典家具技术研究院院长
关毅
2013 年 9 月 2 日

中国古典家具拍卖二十年

关毅

一、古典家具拍卖起步虽晚但方兴未艾

　　拍卖系舶来品，自十九世纪七十年代传入中国，伴随着中国社会的兴衰更替，历经百余年沧桑。中国古典家具最初只是在专业人士及爱好者中探讨，国人习焉不察，所以第一个为中国传统家具著书立说的人反倒是德国人古斯塔夫·艾克（Gustav Ecke）。1944 年艾克和其助手杨耀出版了《中国花梨家具图考》。1971 年，美国人安思远（R. H. Ellsworth）完成《中国家具》（Chinese Furniture）一书，在中国家具研究史上占有重要一席。

　　1983 年，王世襄先生的《明式家具珍赏》及后来的《明式家具研究》相继问世。此后，有关中国古典家具的研究、收藏、展览、出版呈现"繁花万树迷人眼"的景象，让国人知晓古典家具作为高雅文化，兼具实用性、观赏性和收藏价值，既可实用，也可宝藏，能够充分体现藏家的品位。

　　1985 年之后，随着我国经济体制改革的不断深化，拍卖交易迅速恢复和发展。古典家具拍卖起步虽晚，但因为其厚重的文化含量和巨大的经济价值，日益受到人们的喜爱和重视，发展势头方兴未艾。

　　从 1994 年秋季开始，中国古典家具进入拍卖领域，当年中国嘉德和北京翰海共同推出十件黄花梨拍品，虽然上拍量较少，价位也低，但在中国拍卖交易史上及古典家具收藏研究领域却具有重要的里程碑意义。从那时算起，中国古典家具拍卖走过了二十年不平凡的历程。

　　1996 年，纽约佳士得总部举行了一场中国古典家具拍卖会，这是一场标志性的拍卖会。来自全世界的三百多位收藏家、文博专家、实业家参加拍卖，参拍的 107 件中国明清古典家具无一例外全部成交，创造了国际拍卖市场上少有的奇迹，因此被业界称为中国古典家具跻身世界级重要拍卖品行列的标志。

　　曾几何时，一代鉴古大家王世襄面对"文革"中明清家具惨遭毁坏的惨状，仰天长啸："中岁徒劳振臂呼，檀梨惨殛泪模糊。"而面对"文革"之后古典家具拍卖的中兴，又令王世襄先生喜不自禁，"而今喜入藏家室，免作胡琴与算珠。"

　　到 2004 年秋，古典家具的关注度得到进一步提高，价位首次突破千万元大关。而从 2009 年秋开始，古典家具拍卖市场迅猛发展，并在 2010 年春形成历史高峰，上拍量为 289 件。2011 年，古典家具的拍卖场次安排趋于频繁，仅中国嘉德就举办了七场家具拍卖，春拍更是获得两个专场 100% 的非凡成交业绩。

　　从近年拍卖数据来看，古典家具行情稳步上升：

　　2007 年 5 月，香港佳士得，清朝康熙御制宝座拍出 1376 万港元，打破了御制宝座的世界拍卖纪录。

　　2007 年 11 月，北京保利，清乾隆紫檀方角大四件柜以 2800 万元人民币创下了中国明清家具拍卖的世界纪录。

2008 年 4 月，中国嘉德，清乾隆紫檀雕西番莲大平头案，拍出 3136 万元人民币。清乾隆紫檀束腰西番莲博古图罗汉床以 3248 万元人民币刷新中国明清家具拍卖的世界纪录。

2008 年，纽约苏富比中国古典家具的成交率高于其 80% 的普遍成交率，明代家具更是百分百成交。

2009 年 10 月，香港苏富比，清乾隆御制紫檀木雕八宝云纹水波云龙宝座以 8578 万港元的拍卖价格再破中国家具世界拍卖纪录。

随着时间推移，到 2010 年，秋拍市场成交最火爆、竞价最激烈的拍品是什么？就是中式古典家具。2010 年 11 月 20 日，一件清乾隆"黄花梨云龙纹大四件柜（一对）"在中国嘉德"秋光万华——清代宫廷艺术集粹"专场以 3976 万元人民币成交，创造了黄花梨家具拍卖新纪录。而这个纪录仅仅保持了一天，就在次日，一张明代黄花梨簇云纹马蹄腿六柱式架子床以 4312 万元再次刷新拍卖纪录。

此次中国嘉德推出的黄花梨家具专场拍卖，100% 成交，总成交额 2.59 亿元人民币。同时，国内其他拍卖公司古典家具拍卖也红红火火。特别是以黄花梨、紫檀为代表的硬木家具，因其资源极度匮乏且具有巨大的升值潜力，成为了继书画、瓷器和玉器之后的又一令人瞩目的收藏热点，业内人士用一句话概括古典家具拍卖："火的不得了"。

随着国民生活水平不断提高以及投资理念的

转变，作为现代服务业的一个重要组成部分，中国古典家具拍卖必将迎来更加广阔的生存空间，面临更大的发展机遇。

二、明清古典家具拍卖最具升值空间

中国传统家具的精髓在于神，不在于形。形之千变万化，由战国及秦汉及晋唐及宋元及明清，脉络可理；由低向高是中国家具的发展态势，由简向繁是中国家具的演变。在中国古典家具中，无论是卧具、承具、坐具还是庋具，都可以撇开形式，向后人讲述它跨时空存在的意义及看不见的精神享受。

中国古典家具，尤其明清家具，设计理念深受传统文化的影响。一是秉承天人合一的思想，极为重视原木材质及其纹理的运用，产生了质地坚硬、色泽幽雅、肌理华美的自然之美，以及稳重大气、简洁流畅的态势之美；造型上大到整把圈椅，小到牙板、马蹄脚等寓意生动，充分表现出造物与自然之物的和谐。二是色彩厚重而不沉闷，华美而不艳俗，比例尺度严密，圆中有方、方中见圆的设计理念，体现出中国古代天圆地方的哲学思想。三是曲线与直线的对比，柔中带刚，虚实相生，灵动而沉着的设计理念充分显示出"顺应自然，崇尚节俭"的生活信条，"不以物喜，不以己悲"的处事原则和"抱朴守真，寂空无为"的价值取向。四是在家具上雕饰大量吉祥图案，满足了人们的精神需求。

收藏升值潜力高的古典家具，原材料很重要，越罕有价越高。其中紫檀木、黄花梨木、鸡翅木、铁力木并称中国古代四大名木。

古典家具中，首选紫檀，因其宫廷专用，民间极少见。产自印度的小叶紫檀，又称檀香紫檀，是目前所知最珍贵的木材，是紫檀木中最高级的一类。而常言十檀九空，最大的紫檀木直径仅为二十厘米左右，难出大料，其珍贵程度可想而知。同时受生产力交通运输原因，至清代，来源枯竭，这也是紫檀木为世人所珍视的一个重要原因。紫檀家具的特色是重装饰多雕工花纹，与明清时代的简约风格截然不同，特别受国内买家追捧。

黄花梨的稀有程度仅次于紫檀。黄花梨俗称"降香木"，红木国标定为香枝木类，木质坚硬，纹理漂亮，在木料、颜色及耐看性方面较高，是制作古典硬木家具的上乘材料。其树种降香黄檀虽易成活，但成材却需要上千年的生长期，所以早在明末清初，海南黄花梨木种就濒临灭绝。因此，留存至今的黄花梨家具十分珍贵。

从年代和造型风格来看，明清家具作为中国古典家具中的精华，成为拍场上众多藏家眼中青睐的珍宝。目前最具升值潜力的家具有三，其一是明代和清早期在文人指点下制作的明式家具，木质一般都是黄花梨；其二是清康雍乾时期由皇帝亲自监督，宫廷专造，挑选全国最好的工匠在紫禁城里制作的清代宫廷家具，木质一般是紫檀木；其三是如今市场趋热的红木家具，虽然不比

紫檀、黄花梨，但在审美情趣上较多体现了明清家具的遗韵，有着很大的收藏价值。这三类家具虽然市场价格很高，但从投资角度看，仍最具升值空间。以 2012 年春拍为例，明清古典家具以及宫廷御制珍品受到藏界的追捧。数场拍卖会成交不俗，上升之势明显。

三、古典家具拍卖品经历短暂低迷，但前途大好

2012 春季拍卖会，由于金融市场和房地产市场双双低迷，春拍的上拍量都有所减少、规模有所压缩。2012 年冬，各个拍卖公司的秋季拍卖会接踵而至。不过近年来一路看涨的艺术品市场却突然唱出了"休止符"，不少艺术品的拍卖行情低迷。在中国嘉德的秋拍中，以"姚黄魏紫"命名的明清古典家具专场拍卖，集中了当今古典家具收藏的巅峰之作，120 多件拍品数量空前。然而多件拍品出现流拍，其一、二两个专场成交率分别为 34.04% 与 46.97%，总成交额仅为 2.3 亿元。

面对显出疲态的市场，质疑古典家具收藏市场行情的声音多了，也有人认为"秋拍季"就是艺术品投资的"拐点"。那么，艺术品收藏市场是否由热趋冷了呢？

实际上，艺术品投资收藏市场的资金周转速度慢，在短期内出现这么频繁和大规模的拍场安排，很容易使现有的市场容量趋于饱和。这导致两方面的结果：一方面水涨船高，古典家具的价位在屡次拍卖中节节攀升；另一方面，收藏者手

里已经有了一定藏品的积累，拥有了一些重量级的家具，这也使得他们在后面的拍卖中表现得更为谨慎。

古典家具市场的相对低迷，也正是短期内行情持续走高而需要调整适应的表现。艺术品市场专家认为，由于此前家具专场拍卖都比较成功，卖家纷纷要求把拍品估值调高，而这是违背拍卖业低估高卖的规律的，所以导致大面积流拍。

近几年来，随着经济发展和人们投资心态加重，古典家具市场新的买家不断涌现，急剧拉升市场行情。一方面，圈内玩家缺乏足够的资金去购买，因而更多地选择谨慎观望；另一方面，新玩家虽然资金相对充裕，但相对缺乏鉴别真伪的能力，在拍卖中往往表现出随大溜的跟风心理，在局势不明、大多观望的古典家具拍卖市场中，他们也往往受影响而犹疑不决。

家具拍卖行情低迷，是否表示目前的古典家具领域已经出现价格泡沫？

其实，如果与书画等其他艺术收藏品相比，古典家具还存在升值空间。从拍卖价格上说，书画拍卖过亿的情况屡见不鲜，但中国古典家具始终没有步入这一行列。

目前，中国古典家具受到海外收藏家的争相追捧及各大博物馆的收购珍藏。由于古典家具结合了最好的材质，如纹理瑰美的黄花梨和肃穆大方的紫檀；运用了最好的工艺，如其榫卯非常精巧，因此承载了深厚的中国古代建筑美学内涵。古典家具还有很大的实用和欣赏价值，布置在居室中，美观好看。更由于古典家具资源十分有限，经典的精品佳作稀缺难求。因此，其市场潜力还有待进一步挖掘。

即便在价格连续攀升而使买家普遍观望的市场行情中，精品家具还是能受到买家的欢迎而拍到理想的价格。以 2012 年春拍为例，此次拍卖虽然成交率低，但其中五件精品家具还是突破了千万元的价格而顺利成交，其中一件从恭王府流出的清宫御用家具"清乾隆紫檀雕西番莲庆寿纹宝座"，更以 5750 万元夺魁。

可见，社会对古典家具的购藏热情并没有消退。只要中国的宏观经济不发生大的波折和逆转，随其持续稳定的发展，未来古典家具投资收藏的需求必然增加，古典家具市场的容量和实力也将得到壮大。

目录

坐具

中国古代柴木家具
拍卖投资考成汇典
ZHONG GUO GU DAI CHAI MU JIA JU
PAI MAI TOU ZI KAO CHENG HUI DIAN

001

六角竹软座玫瑰椅

年　　代：18—19世纪

尺　　寸：高87厘米　宽51.1厘米　深43.5厘米

拍卖时间：纽约佳士得　1998年9月16日　精致典雅公寓：中国古典家具与艺术品　第4号

估　　价：USD 3,000—4,000

002
湘妃竹万字纹扶手椅
年　　代：清18世纪
尺　　寸：高46.4厘米　长211.5厘米
拍卖时间：纽约苏富比　1999年3月23日　重要的中国古典家具专场　88号
估　　价：USD 6,000—9,000

003
核桃木裹腿方桌
年　代：清
尺　寸：高85厘米　85×85厘米
拍卖时间：中国嘉德　1999年4月21日　瓷器、漆器、工艺品、家具　第1215号
估　价：RMB 9,000—12,000
成交价：RMB 30,800

004
榉木搭几式书桌、榆木四出头椅
年　代：清
尺　寸：桌子　高86厘米　宽167厘米　深83厘米
　　　　椅子　高115厘米　宽57厘米　深44厘米
拍卖时间：中国嘉德　1999年4月21日　瓷器、漆器、工艺品、家具　第1212号
估　价：RMB 18,000—28,000
成交价：RMB 19,800

005

鸡翅木小方凳（一对）

年　　代：清中期

尺　　寸：高39厘米　40×40厘米

拍卖时间：中国嘉德　1999年4月21日　瓷器、漆器、工艺品、家具　第1202号

估　　价：RMB 15,000—25,000

成 交 价：RMB 16,500

006
核桃木官帽椅（二件）
年　　代：清
尺　　寸：长57厘米　宽45厘米　高94厘米
拍卖时间：北京翰海　2000年7月3日　春季拍卖会中国木器家具专场　第1723号
估　　价：RMB 5,000—6,000

007
榉木四出头椅（一对）
年　　代：明
尺　　寸：高107厘米　宽55厘米　深44厘米
拍卖时间：1998年6月30日
估　　价：RMB 18,000—25,000

008
鸡翅木雕福寿纹小宝座式扶手椅
年　　代：清乾隆
尺　　寸：高78厘米
拍卖时间：北京保利　2008年5月30日　开物——明清宫廷艺术夜场　第2152号
估　　价：RMB 800,000—1,200,000
成 交 价：RMB 1,030,400

009

柞榛木圈椅（一对）

年　　代：清

尺　　寸：长56.5厘米　宽44厘米　高97厘米

拍卖时间：浙江钱塘　2008年6月8日　春季艺术品拍卖会明清家具专场　第7号

估　　价：RMB 30,000—40,000

010

柞榛木四出头椅（一对）

年　　代：清

尺　　寸：长57厘米　宽44.5厘米　高119厘米

拍卖时间：浙江钱塘　2008年6月8日　春季艺术品拍卖会明清家具专场　第141号

估　　价：RMB 40,000

011
榉木四出头（一组四张）
年　　代：清
尺　　寸：长62厘米　宽47厘米　高115厘米
拍卖时间：浙江钱塘　2008年6月8日　春季艺术品拍卖会明清家具专场　第106号
估　　价：RMB 80,000—100,000

012
鹿角漆嵌螺钿花鸟图椅（六把）
年　　代：明末清初
尺　　寸：长68.5厘米　宽54厘米　高105厘米
拍卖时间：北京永乐　2009年5月31日　明清工艺品　第381号
估　　价：RMB 500,000—700,000
成 交 价：RMB 560,000

013
柞榛木六角形扶手椅
年　　代：清中期
尺　　寸：椅　长60厘米　宽44厘米　高91厘米
　　　　　桌　长43.5厘米　宽44厘米　高76厘米
拍卖时间：新华富邦　2009年8月16日　夏季艺术品拍卖会典藏家具专场　第112号
估　　价：RMB 350,000—500,000
成 交 价：RMB 504,000

014
鸡翅木方凳（一对）
年　　代：清
尺　　寸：长50厘米　宽50厘米　高48.5厘米
拍卖时间：新华富邦　2009年8月16日　夏季艺术品拍卖会典藏家具专场　第13号
估　　价：RMB 15,000—25,000
成 交 价：RMB 24,640

015

楠木圈椅

年　　代：清

尺　　寸：长60.5厘米　宽47.5厘米　高94厘米

拍卖时间：宁波富邦　2010年1月19日　迎春大型艺术品拍卖古木今韵——典藏家具专场　第70号

估　　价：RMB 10,000—20,000

成 交 价：RMB 28,000

016
柞榛木圈椅
年　　代：清
尺　　寸：长56厘米　高96厘米
拍卖时间：浙江佳宝　2010年6月6日　宫廷典藏家具拍卖专场　第34号
估　　价：RMB 25,000—35,000
成 交 价：**RMB 35,840**

017

花梨木黑漆圈椅（一对）

年　　代：清18世纪

尺　　寸：高92.1厘米　长59.4厘米　宽41.3厘米

拍卖时间：纽约苏富比　2010年3月23日　中国瓷器及工艺精品　第0171号

估　　价：USD 5,000—7,000

成 交 价：USD 8,125

018
鹿角独坐椅
年　　代：清
尺　　寸：长68厘米　宽61厘米　高111厘米
拍卖时间：浙江佳宝　2010年6月6日　宫廷典藏家具拍卖专场　第35号
估　　价：RMB 600,000—1,000,000
成 交 价：RMB 672,000

019
楠木禅椅（一张）

年　　代：清

尺　　寸：长94厘米　宽56厘米　高90厘米

拍卖时间：浙江佳宝　2010年6月6日　宫廷典藏家具拍卖专场　第38号

估　　价：RMB 30,000—50,000

成 交 价：RMB 42,560

020

榉木四出头椅

年　　代：明

尺　　寸：高84.5厘米　宽47厘米　长62厘米

拍卖时间：1998年11月28日

估　　价：RMB 14,000-25,000

021

乌木玫瑰椅（一对）

年　　代：清

尺　　寸：长55厘米　宽46厘米　高88厘米

拍卖时间：浙江佳宝　2010年6月6日　宫廷典藏家具拍卖专场　第47号

估　　价：RMB 50,000—100,000

022

柞榛木太师椅（二椅一几）

年　　代：清

尺　　寸：长62厘米　高197厘米　长42厘米　高79厘米

拍卖时间：浙江佳宝　2010年6月6日　宫廷典藏家具拍卖专场　第53号

估　　价：RMB 100,000—150,000

成 交 价：RMB 112,000

023
天然木扶手椅（一对）
年　　代：清乾隆
尺　　寸：长90厘米　宽58厘米　高106厘米
拍卖时间：北京歌德　2010年11月19日　文房清供　第939号
估　　价：RMB 2,400,000—3,000,000
成 交 价：RMB 2,688,000

024
鸡翅木宝座（一对）
年　　代：清
尺　　寸：高105厘米　长101厘米　宽70.5厘米
拍卖时间：南京正大　2011年4月23日　春季明清古典家具专场　第42号
估　　价：RMB 420,000—620,000
成 交 价：RMB 481,000

025
鸡翅木嵌紫檀描金雕龙纹扶手椅
年　　代：清乾隆
尺　　寸：长70厘米　宽51厘米　高97厘米
拍卖时间：北京匡时　2011年6月8日　清代宫廷紫檀家具专场　第2384号
估　　价：RMB 5,500,000
成 交 价：RMB 6,500,000

鸡翅木嵌紫檀描金雕龙纹扶手椅（背面）

026

榆木大漆三联交椅

年　　代：清

尺　　寸：高102厘米　长149厘米　宽47厘米

拍卖时间：中国嘉德（嘉德四季）　2011年6月20日　佳器遗构——明清家具构件及古典家具专场　第5409号

估　　价：无底价

成 交 价：RMB 97,750

027
木根雕扶手椅（一对）
年　　代：19世纪
尺　　寸：高96.5厘米　宽83.8厘米　深58.4厘米
拍卖时间：纽约苏富比　2011年9月14日　中国瓷器艺术品专场　第144号
估　　价：USD 8,000—12,000

○三○

028
榉木龙纹圈椅
年　　代：清早期
尺　　寸：高96厘米　长57厘米　宽43厘米
拍卖时间：中国嘉德（嘉德四季）　2011年9月19日　承古容今——古典家具专场　第5933号
估　　价：无底价
成 交 价：RMB 17,250

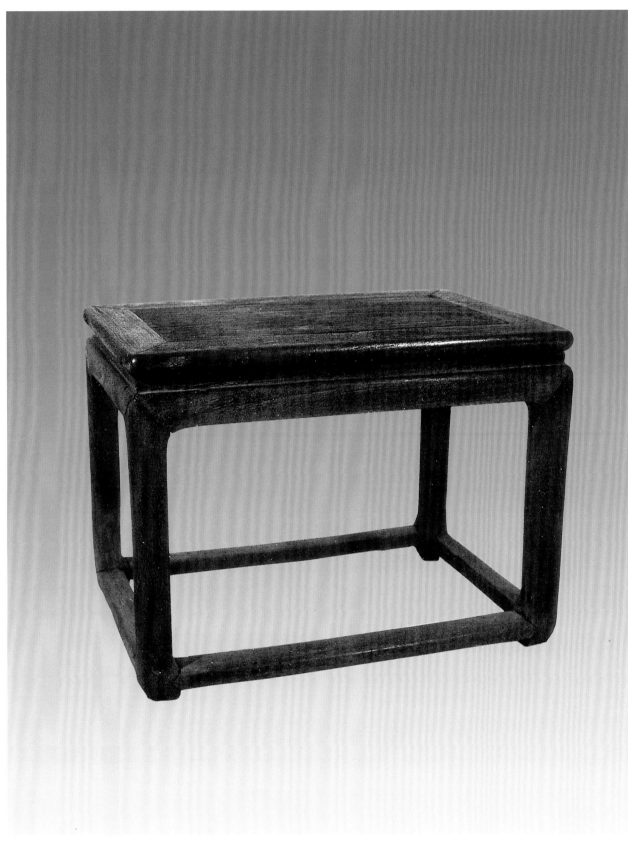

029
铁梨木禅凳
年　　代：明
尺　　寸：高50厘米　长67厘米　宽39厘米
拍卖时间：宁波富邦　2012年2月11日　迎春拍卖会典藏家具专场　第347号
估　　价：RMB 10,000—20,000
成 交 价：RMB 20,160

030
柞榛木书卷搭脑扶手椅
年　　代：清
尺　　寸：高91厘米　长54厘米　宽44厘米
拍卖时间：宁波富邦　2012年2月11日　迎春拍卖会典藏家具专场　第331号
估　　价：RMB 100,000—200,000
成 交 价：RMB 134,400

031

鸡翅木雕寿字扶手椅（两件）

年　　代：清

尺　　寸：长59厘米　宽44厘米　高105厘米

拍卖时间：北京翰海　2012年6月29日　四季拍卖古董珍玩（一）家具、杂项专场　第1036号

估　　价：RMB 8,000

成 交 价：RMB 92,000

032

榉木官帽椅茶几（一套）

年　　代：清

尺　　寸：长56厘米　宽46厘米　高100厘米
　　　　　长40厘米　宽40厘米　高76厘米

拍卖时间：2001年4月23日

估　　价：RMB 4,500—6,500

卧具

中国古代柴木家具
拍卖投资考成汇典
ZHONG GUO GU DAI CHAI MU JIA JU
PAI MAI TOU ZI KAO CHENG HUI DIAN

001

楠木香蕉腿罗汉床

年　　代：明

尺　　寸：高79厘米　长198厘米　宽110厘米

拍卖时间：南京正大　2009年6月7日　春季明清古典家具及文房供石专场　第88号

估　　价：RMB 680,000—1,000,000

成 交 价：RMB 748,000

002

柞木井字格大罗汉床

年　　代：清早期

尺　　寸：高89厘米　长216厘米　宽135厘米

拍卖时间：中国嘉德（嘉德四季）　2011年9月19日　承古容今——古典家具专场　第5923号

估　　价：无底价

成 交 价：RMB 149,500

003

榆木六柱式架子床

年　　代：清晚期

尺　　寸：高206厘米　长210厘米　宽110厘米

拍卖时间：中国嘉德（嘉德四季）　2011年9月19日　承古容今——古典家具专场　第5898号

估　　价：无底价

成 交 价：RMB 13,800

004

榉木红漆大拔步床

年　　代：明

尺　　寸：高260厘米　宽235厘米　长248厘米

拍卖时间：中国嘉德　2010年6月19/20日　玉器、家具、工艺品　第4437号

估　　价：RMB 30,000—50,000

成 交 价：RMB 504,000

005

鸡翅木三屏罗汉床

年　　代：清

尺　　寸：高89厘米　长209厘米　宽89厘米

拍卖时间：北京保利　2011年10月22日　异趣交融——中西古典家具　第510号

估　　价：RMB 20,000—30,000

成 交 价：RMB 40,250

006
铁梨木大理石围子罗汉床
年　　代：明
尺　　寸：高91.4厘米　长213厘米　宽112厘米
拍卖时间：1996年9月19日
估　　价：US 40,000—50,000
成 交 价：US 27,600

007

榉木架子床

年　　代：清中期

尺　　寸：长226厘米　宽220厘米　高189厘米

拍卖时间：中国嘉德　1996年4月20日　春季拍卖会瓷器、玉器、鼻烟壶、工艺品专场　第914号

估　　价：RMB 50,000—70,000

008

榉木攒格架子床

年　　代：清中期

尺　　寸：长215厘米　宽228厘米

拍卖时间：中国嘉德　1994年11月9日　秋季拍卖会瓷器、玉器、鼻烟、壶工艺品专场　第846号

估　　价：RMB 25,000—35,000

成 交 价：RMB 41,800

009

柞榛木脚踏

年　　代：清中期

尺　　寸：高11厘米　宽46.2厘米　深31.2厘米

拍卖时间：香港佳士得　2012年11月28日

　　　　　精凝简练——美国私人收藏家珍藏中国家具　第2032号

估　　价：HKD 40,000—60,000

成 交 价：HKD 56,250

010

榉木六柱螭龙架子床

年　　代：清

尺　　寸：高204厘米　宽216厘米　深131厘米

拍卖时间：江苏爱涛拍卖有限公司　208年01月12日

　　　　　天工神韵－明清苏作家具保真专场　第0091号

估　　价：RMB 25,000—35,000

成 交 价：RMB 38,500

011
鸂鶒木四柱架子床
年　　代：清中期
尺　　寸：高221厘米　宽200厘米　深121.1厘米
拍卖时间：香港佳士得　2012年11月28日
　　　　　精凝简练——美国私人收藏家珍藏中国家具　第2038号
估　　价：HKD 506,550—644,700

放置陈设

中国古代柴木家具
拍卖投资考成汇典
ZHONG GUO GU DAI CHAI MU JIA JU
PAI MAI TOU ZI KAO CHENG HUI DIAN

001

槭木雕花花台（一对）

年　　代：清

尺　　寸：高93厘米　宽47厘米　深44厘米

拍卖时间：中国嘉德　1999年4月21日　瓷器、漆器、工艺品、家具　第1213号

估　　价：RMB 10,000—20,000

成 交 价：RMB 14,300

002

鸡翅木香几

年　　代：清

尺　　寸：长46厘米　宽46厘米　高105厘米

拍卖时间：中国嘉德　1999年10月27日　秋季拍卖会古典家具专场　第1151号

估　　价：RMB 25,000—35,000

003

核桃木书桌

年　　代：清

尺　　寸：长186厘米　宽70.5厘米　高82.5厘米

拍卖时间：中国嘉德　1999年10月27日　秋季拍卖会古典家具专场　第1174号

估　　价：RMB 12,000—18,000

成 交 价：RMB 13,200

004

鸡翅木雕蜂窝平头案

年　　代：清

尺　　寸：长194厘米　宽45厘米　高86厘米

拍卖时间：北京翰海　2000年7月3日　春季拍卖会中国木器家具专场　第1719号

估　　价：RMB 50,000—60,000

005

龙眼木卷书式小儿

年　　代：18—19世纪

尺　　寸：高5.8厘米　宽34.2厘米　深14.6厘米

拍卖时间：纽约佳士得　2003年9月18日　Gangolf Geis 私人收藏中国古典家具专场　第14号

估　　价：USD 800—1,000

006

瘿木雕小儿

年　　代：清

尺　　寸：长59.5厘米

拍卖时间：中国嘉德　2007年12月15日　四季拍卖玉器、工艺品专场　第3575号

估　　价：RMB 6,000—9,000

成 交 价：RMB 31,360

007

鸡翅木两屉桌

年　　代：明

尺　　寸：长157.5厘米　宽69厘米　高82厘米

拍卖时间：北京翰海　2004年11月22日　秋季拍卖会明清家具专场　第3145号

估　　价：RMB 300,000—500,000

成 交 价：RMB 880,000

008
乌木嵌黄杨木炕几
年　　代：清中期
尺　　寸：高31.5厘米　长75.5厘米　宽46厘米
拍卖时间：南京正大　2006年11月26日　古典家具瓷器玉器专场　第64号
估　　价：RMB 38,000—68,000

009
硬木石面圆形花儿（一对）
年　　代：清
尺　　寸：直径33厘米　高82厘米
拍卖时间：雍和嘉诚　2007年5月20日　中国古董珍玩　第1343-3号
估　　价：RMB 8,000—12,000
成 交 价：RMB 10,780

010

硬木五脚圆桌

年　　代：清

尺　　寸：直径88厘米　高83厘米

拍卖时间：雍和嘉诚　2007年5月20日　中国古董珍玩　第1344-2号

估　　价：RMB 90,000—120,000

成 交 价：RMB 110,000

011

黄杨木瘿心小方桌

年　　代：清初

尺　　寸：长74厘米　宽74厘米　高82厘米

拍卖时间：北京翰海　2000年7月3日　春季拍卖会中国木器家具专场　第1721号

估　　价：RMB 150,000—200,000

012

楠木龙寿纹写字台

年　　代：清

尺　　寸：高85厘米　长116厘米　宽71厘米

拍卖时间：浙江南北　2007年12月19日　秋季艺术品拍卖会明清家具专场　第1213号

估　　价：RMB 180,000—200,000

013
楠木平头案
年　　代：清
尺　　寸：长194.5厘米　宽57.5厘米　高82厘米
拍卖时间：浙江钱塘　2008年6月8日　春季艺术品拍卖会明清家具专场　第3号
估　　价：RMB 120,000—200,000

014

柞榛木半桌

年　　代：清

尺　　寸：长82厘米　宽41厘米　高81厘米

拍卖时间：浙江钱塘　2008年6月8日　春季艺术品拍卖会明清家具专场　第25号

估　　价：RMB 20,000—40,000

015
核桃木香几
年　　代：清
尺　　寸：长57厘米　宽57厘米　高88厘米
拍卖时间：浙江钱塘　2008年6月8日　春季艺术品拍卖会明清家具专场　第26号
估　　价：RMB 15,000—25,000

016

鸡翅木画案

年　　代：明

尺　　寸：长179厘米　宽71厘米　高83厘米

拍卖时间：浙江钱塘　2008年6月8日　春季艺术品拍卖会明清家具专场　第46号

估　　价：RMB 60,000—80,000

017
鸡翅木画案
年　　代：清
尺　　寸：长162厘米　宽78厘米　高83.5厘米
拍卖时间：浙江钱塘　2008年6月8日　春季艺术品拍卖会明清家具专场　第59号
估　　价：RMB 50,000—60,000

018
鸡翅木嵌瘿木面画台
年　　代：民国
尺　　寸：长170厘米　宽85厘米　高82厘米
拍卖时间：浙江钱塘　2008年6月8日　春季艺术品拍卖会明清家具专场　第94号
估　　价：RMB 100,000—140,000

019
金丝楠木大供桌
年　　代：清早期
尺　　寸：高122厘米　长246厘米　宽53.5厘米
拍卖时间：南京正大　2009年6月7日　春季明清古典家具及文房供石专场　第84号
估　　价：RMB 38,000—58,000
成 交 价：RMB 60,500

020
榉木翘头案
年　　代：明
尺　　寸：长321厘米　宽50厘米　高95厘米
拍卖时间：浙江钱塘　2008年6月8日　春季艺术品拍卖会明清家具专场　第107号
估　　价：RMB 80,000—100,000

021
硬木佛龛
年　　代：清
尺　　寸：高41.5厘米
拍卖时间：北京万隆　2009年6月26日　瓷器工艺品专场　第207号
估　　价：RMB 30,000—50,000
成 交 价：RMB 33,600

022

核桃木香儿

年　　代：明

尺　　寸：长59厘米　宽39厘米　高85厘米

拍卖时间：浙江佳宝　2010年6月6日　宫廷典藏家具拍卖专场　第5号

估　　价：RMB 120,000—160,000

成 交 价：RMB 168,000

023
龙眼木三抽案
年　　代：清
尺　　寸：长151.5厘米　宽41.5厘米　高90厘米
拍卖时间：浙江钱塘　2008年6月8日　春季艺术品拍卖会明清家具专场　第111号
估　　价：RMB 20,000—30,000

024
鸡翅木两屉桌
年　　代：明
尺　　寸：长157.5厘米　宽69厘米　高82厘米
拍卖时间：北京翰海　2009年11月10日　十五周年庆典拍卖会明清家具专场　第2813号
估　　价：RMB 500,000—700,000
成 交 价：RMB 750,400

025

鸡翅木嵌黄杨瘿木棋桌

年　　代：清中期

尺　　寸：长71厘米　宽71厘米　高84厘米

拍卖时间：北京翰海　2009年11月10日　十五周年庆典拍卖会明清家具专场　第2812号

估　　价：RMB 100,000—150,000

026

白木镶瘿木方桌

年　　代：清

尺　　寸：长88.5厘米　宽89.5厘米　高87厘米

拍卖时间：新华富邦　2009年8月16日　夏季艺术品拍卖会典藏家具专场　第68号

估　　价：RMB 10,000—20,000

成 交 价：RMB 15,000

027

硬木雕草纹嵌理石桌

年　　代：清

尺　　寸：长50厘米　宽89厘米　高27.5厘米

拍卖时间：北京歌德　2009年11月22日　文房清供　第1266号

估　　价：RMB 60,000—80,000

028
榉木雕回纹大画案
年　　代：清
尺　　寸：长209厘米
拍卖时间：上海大众　2010年1月3日　新海上雅集2009秋季拍卖会——海上集珍　第907号
估　　价：RMB 45,000
成 交 价：RMB 84,000

029

花梨木嵌掐丝珐琅三镶长方几

年　　代：清中期

尺　　寸：高40厘米　长123厘米　宽46厘米

拍卖时间：北京保利　2010年6月5日　中国古董珍玩　第5352号

估　　价：RMB 20,000—30,000

成 交 价：RMB 39,000

030

楠木龙纹三门书桌

年　　代：清

尺　　寸：长116厘米　宽70厘米　高86厘米

拍卖时间：新华富邦　2009年8月16日　夏季艺术品拍卖会典藏家具专场　第32号

估　　价：RMB 80,000—100,000

成 交 价：**RMB 80,000**

031

象牙茜色雕戏曲人物木制台

年　　代：清晚期

尺　　寸：长48厘米　宽28厘米　高37厘米

拍卖时间：永乐国际　2010年5月18日　明清工艺精品　第620号

估　　价：RMB 300,000—350,000

成 交 价：RMB 347,200

032
核桃木面西游记人物香几案
年　　代：清中期
尺　　寸：高86.5cm，长44.5cm　宽44.5cm
拍卖时间：2005年11月4日
估　　价：RMB 30,000-50,000
成 交 价：RMB 66,000

033

鸡翅木瘿木面天香几

年　　代：明

尺　　寸：面径66厘米　高78厘米

拍卖时间：浙江佳宝　2010年6月6日　宫廷典藏家具拍卖专场　第7号

估　　价：RMB 100,000—150,000

成 交 价：RMB 112,000

034
黄杨木小花儿（二件）
年　　代：清
尺　　寸：高10厘米　高5厘米
拍卖时间：浙江保利　2010年7月5日　文房清玩　第91号
估　　价：RMB 15,000—18,000

035

嵌瘿木葵形香几

年　　代：清

尺　　寸：长40厘米　宽26.2厘米　高11厘米

拍卖时间：西泠印社　2010年7月6日　首届香具、茶具专场　第2617号

估　　价：RMB 15,000—25,000

成 交 价：RMB 33,600

036

瘿木台儿

年　　代：清

尺　　寸：长67.3厘米　宽49厘米　高9.8厘米

拍卖时间：西泠印社　2010年7月6日　首届香具、茶具专场　第2610号

估　　价：RMB 25,000—35,000

成 交 价：RMB 42,560

037
榉木瓜棱腿画案
年　　代：明
尺　　寸：长155厘米　宽66厘米　高82厘米
拍卖时间：浙江佳宝　2010年6月6日　宫廷典藏家具拍卖专场　第83号
估　　价：RMB 100,000—150,000

038
瘿木面西式茶台
年　　代：清
尺　　寸：长92厘米　宽50厘米　高59厘米
拍卖时间：浙江佳宝　2010年6月6日　宫廷典藏家具拍卖专场　第17号
估　　价：RMB 20,000—40,000
成 交 价：RMB 39,200

039

花梨木三弯腿供桌

年　　代：明晚期

尺　　寸：高102厘米　长101厘米　宽99厘米

拍卖时间：南京正大　2010年12月12日　秋季宫廷御制明清古典家具文玩清供专场　第31号

估　　价：RMB 178,000—210,000

成 交 价：RMB 190,000

040

乌木嵌黄杨高束腰条案

年　　代：清早期

尺　　寸：高100厘米　长95.5厘米　宽36.5厘米

拍卖时间：北京保利　2010年12月6日　"清斋"藏茗壶雅玩　第4819号

估　　价：RMB 300,000—500,000

041
乌木福寿纹平头案
年　　代：清
尺　　寸：高94厘米　长167厘米　宽94厘米
拍卖时间：南京正大　2010年9月26日　春季明清古典家具专场　第8号
估　　价：RMB 480,000—660,000
成 交 价：RMB 537 000

042

铁梨木翘头案

年　　代：明

尺　　寸：长233厘米　宽41厘米　高91厘米

拍卖时间：北京舍得　2010年12月16日　秋季明清家具专场　第57号

估　　价：RMB 80,000—100,000

043
铁梨木画案
年　　代：明
尺　　寸：长220厘米　宽78.5厘米　高84厘米
拍卖时间：北京舍得　2010年12月16日　秋季明清家具专场　第45号
估　　价：RMB 130,000—150,000

044

硬木卷云纹翘头案

年　　代：明

尺　　寸：长237厘米　宽56厘米　高92厘米

拍卖时间：北京舍得　2010年12月16日　秋季明清家具专场　第56号

估　　价：RMB 250,000—300,000

045

核桃木雕兽纹六方花儿

年　　代：清中期

尺　　寸：高70厘米

拍卖时间：北京保利　2011年4月16日　京华余晖——清宫木器杂项专场　第447号

估　　价：无底价

成 交 价：RMB 149,500

046
雪松木炕桌
年　　代：清18世纪
尺　　寸：高56.8厘米　长88厘米　宽27.5厘米
拍卖时间：伦敦佳士得　2011年5月10日　重要中国瓷器及工艺品　第203号
估　　价：GBP 40,000—60,000

047
铁梨翘头案
年　　代：清早期
尺　　寸：高92.5厘米　长332厘米　宽64.5厘米
拍卖时间：中国嘉德（嘉德四季）　2011年6月20日　佳器遗构——明清家具构件及古典家具专场　第5397号
估　　价：无底价
成 交 价：RMB 425,500

048
铁梨独板翘头案
年　　代：清
尺　　寸：高95厘米　长283厘米　宽63厘米
拍卖时间：中国嘉德（嘉德四季）　2011年6月20日　佳器遗构——明清家具构件及古典家具专场　第5398号
估　　价：无底价
成 交 价：RMB 57,500

049

铁梨独板大翘头案

年　　代：清早期

尺　　寸：高97厘米　长265厘米　宽49.5厘米

拍卖时间：中国嘉德（嘉德四季）　2011年6月20日　佳器遗构——明清家具构件及古典家具专场　第5399号

估　　价：RMB 100,000—150,000

成 交 价：RMB 345,000

050

楠木翘头案

年　　代：清

尺　　寸：高91厘米　长290厘米　宽40厘米

拍卖时间：中国嘉德（嘉德四季）　2011年6月20日　佳器遗构——明清家具构件及古典家具专场　第5424号

估　　价：无底价

成 交 价：RMB 51,750

051

楠木展腿壶门雕花供桌

年　　代：明

尺　　寸：高108厘米　长86厘米　宽72厘米

拍卖时间：中国嘉德（嘉德四季）　2011年6月20日　佳器遗构——明清家具构件及古典家具专场　第5410号

估　　价：无底价

成 交 价：RMB 25,300

052
榆木独板大翘头案
年　　代：清早期
尺　　寸：高92厘米　长319厘米　宽64厘米
拍卖时间：中国嘉德（嘉德四季）　2011年6月20日　佳器遗构——明清家具构件及古典家具专场　第5425号
估　　价：无底价
成 交 价：RMB 103,500

053
榉木圆腿平头案
年　　代：明
尺　　寸：高86厘米　长171厘米　宽65厘米
拍卖时间：中国嘉德（嘉德四季）　2011年9月19日　承古容今——古典家具专场　第5916号
估　　价：无底价
成　交　价：RMB 59,800

054

鸡翅木月牙桌（一对）

年　　代：清18—19世纪

尺　　寸：高89.2厘米　宽99.7厘米　深48.9厘米

拍卖时间：纽约苏富比　2011年9月14日　中国瓷器艺术品专场　第164号

估　　价：USD 30,000—50,000

055
榆木圆腿平头案
年　　代：明
尺　　寸：高83厘米　长212厘米　宽60厘米
拍卖时间：中国嘉德（嘉德四季）　2011年9月19日　承古容今——古典家具专场　第5919号
估　　价：无底价
成 交 价：RMB 59,800

056
榉木夹头榫带暗仓大画案
年　　代：明
尺　　寸：高84厘米　长203厘米　宽77厘米
拍卖时间：中国嘉德（嘉德四季）　2011年9月19日　承古容今——古典家具专场　第5921号
估　　价：无底价
成 交 价：RMB 195,500

057
柞榛木连二屉闷户橱
年　　代：清中期
尺　　寸：高80厘米　长119厘米　宽56厘米
拍卖时间：中国嘉德（嘉德四季）　2011年9月19日　承古容今——古典家具专场　第5930号
估　　价：无底价
成 交 价：RMB 17,250

058

楠木嵌仿哥窑瓷面翘头案

年　　代：明

尺　　寸：高95厘米　长271厘米　宽54厘米

拍卖时间：中国嘉德（嘉德四季）　2011年9月19日　承古容今——古典家具专场　第5935号

估　　价：RMB 50,000—80,000

成 交 价：RMB 105,800

059
榉木三弯腿炕桌
年　　代：清中期
尺　　寸：高24厘米　长72厘米　宽38厘米
拍卖时间：中国嘉德（嘉德四季）　2011年9月19日　承古容今——古典家具专场　第5927号
估　　价：无底价
成 交 价：RMB 23,000

060
湘妃竹漆面拐子纹香几
年　　代：清
尺　　寸：高14.5厘米　长90.5厘米　宽32.5厘米
拍卖时间：宁波富邦　2012年2月11日　迎春拍卖会典藏家具专场　第283号
估　　价：RMB 58,000—88,000
成 交 价：RMB 168,000

061

榉木罗锅枨带矮老圆腿方桌

年　　代：清

尺　　寸：高82厘米　长93厘米　宽93厘米

拍卖时间：宁波富邦　2012年2月11日　迎春拍卖会典藏家具专场　第339号

估　　价：RMB 60,000—120,000

成 交 价：RMB 67,200

062

榆木画案

年　　代：明末清中期

尺　　寸：高80.8厘米　长162.6厘米　宽67.3厘米

拍卖时间：纽约佳士得　2012年3月22日　御案清玩——普孟斐珍藏选粹　第1326号

估　　价：USD 25,000—35,000

成 交 价：USD 35,000

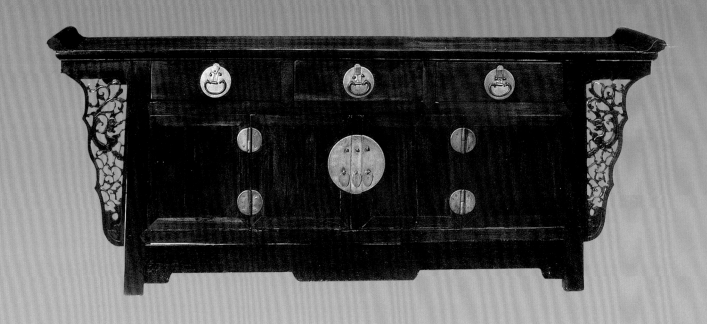

063
硬木镂空螭龙纹三联橱
年　　代：清
尺　　寸：高90厘米　长221厘米　宽51厘米
拍卖时间：伦敦邦汉斯　2012年5月17日　中国艺术品　第160号
估　　价：GBP 10,000—15,000

064

硬木透雕上下卷琴桌

年　代：清

尺　寸：长132厘米

拍卖时间：伦敦邦汉斯　2012年5月17日　中国艺术品　第163号

估　价：GBP 25,000—30,000

一一二

065

木雕如意花卉纹长方几（一对）

年　　代：清（约1800年）

尺　　寸：高80厘米　长43厘米　宽30厘米

拍卖时间：伦敦苏富比　2012年5月16日　中国重要家具及工艺品　第141号

估　　价：GBP 8,000—12,000

成 交 价：GBP 241,250

066
铁梨架儿案
年　　代：明末
尺　　寸：高86厘米　长267厘米　宽59厘米
拍卖时间：北京舍得　2012年6月17日　中国明清黄花梨、红木专场　第39号
估　　价：RMB 60,000—100,000

067
铁力木雕如意云纹翘头案
年　　代：明末
尺　　寸：高95厘米　长253厘米　宽56厘米
拍卖时间：北京舍得　2012年6月17日　中国明清黄花梨、红木专场　第43号
估　　价：RMB 40,000—60,000

068
铁梨翘头案
年　　代：明末
尺　　寸：高93厘米　长310厘米　宽64厘米
拍卖时间：北京舍得　2012年6月17日　中国明清黄花梨、红木专场　第44号
估　　价：RMB 150,000—180,000

069
越南黄花梨大画案
年　　代：清
尺　　寸：长198厘米　宽96厘米　高87厘米
拍卖时间：北京翰海　2012年6月29日　四季拍卖古董珍玩（一）家具、杂项专场　第1082号
估　　价：RMB 600,000
成 交 价：RMB 690,000

070

铁力木夔龙纹大琴桌

年　　代：清早期

尺　　寸：长196厘米　宽49厘米　高83厘米

拍卖时间：中贸圣佳　2012年7月22日　春季艺术品拍卖会古典家具专场　第1671号

估　　价：RMB 30,000—50,000

成 交 价：RMB 63,250

071

花梨雕花卉长方桌

年　　代：清

尺　　寸：宽89厘米　长118厘米　高34厘米

拍卖时间：北京翰海　2012年6月29日　四季拍卖古董珍玩（一）家具、杂项专场　第1155号

估　　价：RMB 6,000

成 交 价：RMB 9,200

072

花梨木小桌

年　　代：民国

尺　　寸：长75厘米　宽47厘米　高22厘米

拍卖时间：北京翰海　2012年6月29日　四季拍卖古董珍玩（一）家具、杂项专场　第1165号

估　　价：RMB 15,000

成 交 价：RMB 17,250

073
花梨方桌
年　　代：清
尺　　寸：长90厘米　宽90厘米　高36厘米
拍卖时间：北京翰海　2012年6月29日　四季拍卖古董珍玩（一）家具、杂项专场　第1159号
估　　价：RMB 5,000
成 交 价：RMB 11,500

074
花梨方桌
年　　代：清
尺　　寸：长63厘米　宽63厘米　高39厘米
拍卖时间：北京翰海　2012年6月29日　四季拍卖古董珍玩（一）家具、杂项专场　第1153号
估　　价：RMB 5,000
成 交 价：RMB 5,750

075
铁梨木翘头案
年　　代：清
尺　　寸：高88厘米　长245.5厘米　宽50厘米
拍卖时间：北京舍得　2012年9月19日　中国古典家具——清代、民国红木专场　第62号
估　　价：RMB 40,000—60,000

076
铁梨四面平式霸王枨画案
年　　代：清
尺　　寸：高85厘米　长211厘米　宽74厘米
拍卖时间：北京舍得　2012年9月19日　中国古典家具——清代、民国红木专场　第65号
估　　价：RMB 40,000—60,000

077
铁梨大画案
年　　代：清
尺　　寸：高83厘米　长194.5厘米　宽74厘米
拍卖时间：北京舍得　2012年9月19日　中国古典家具——清代、民国红木专场　第75号
估　　价：RMB 40,000—60,000

078
铁梨木翘头案
年　　代：清
尺　　寸：高91厘米　长251厘米　宽44.5厘米
拍卖时间：北京舍得　2012年9月19日　中国古典家具——清代、民国红木专场　第74号
估　　价：RMB 40,000—60,000

079
铁梨雕螭龙纹平头案
年　　代：清
尺　　寸：高84.5厘米　长200厘米　宽58厘米
拍卖时间：北京舍得　2012年9月19日　中国古典家具——清代、民国红木专场　第76号
估　　价：RMB 40,000—60,000

080

铁梨圆包圆画案

年　　代：清

尺　　寸：高84厘米　长181厘米　宽75厘米

拍卖时间：北京舍得　2012年9月19日　中国古典家具——清代、民国红木专场　第77号

估　　价：RMB 80,000—100,000

081
楠木翘头案
年　　代：清
尺　　寸：高89.5厘米　长218.5厘米　宽43.5厘米
拍卖时间：北京舍得　2012年9月19日　中国古典家具——清代、民国红木专场　第79号
估　　价：RMB 30,000—60,000

贮藏

中国古代柴木家具
拍卖投资考成汇典

ZHONG GUO GU DAI CHAI MU JIA JU
PAI MAI TOU ZI KAO CHENG HUI DIAN

001
榆木直根书架
年　　代：康熙
尺　　寸：长162厘米　宽86厘米　高41厘米
拍卖时间：中国嘉德　1996年4月20日　春季拍卖会瓷器、玉器、鼻烟壶、工艺品专场　第896号
估　　价：RMB 18,000—22,000
成 交 价：RMB 30,800

002

桂圆木小书柜

年　　代：清康熙

尺　　寸：长49.5厘米　宽40厘米　高22.5厘米

拍卖时间：中国嘉德　1996年4月20日　春季拍卖会瓷器、玉器、鼻烟壶、工艺品专场　第891号

估　　价：RMB 10,000—15,000

成 交 价：RMB 11,000

003
榉木面条柜
年　　代：明晚期
尺　　寸：高168厘米　宽93厘米　深50厘米
拍卖时间：中国嘉德　1996年4月20日　春季拍卖会瓷器、玉器、鼻烟壶、工艺品专场　第907号
估　　价：RMB 15,000—25,000
成 交 价：**RMB 11,000**

004
竹嵌木步步锦纹架格
年　　代：清19世纪
尺　　寸：高181厘米
拍卖时间：纽约苏富比　1999年3月23日　重要的中国古典家具专场　第40号
估　　价：USD 8,000—10,000

005

鸡翅木带座面条柜

年　　代：清

尺　　寸：高186厘米　长87厘米　宽45厘米

拍卖时间：南京正大　2009年6月7日　春季明清古典家具及文房供石专场　第39号

估　　价：RMB 130,000—230,000

成 交 价：**RMB 187,000**

006

花梨木小柜

年　　代：民国

尺　　寸：长90.7厘米　宽66.5厘米

拍卖时间：中国嘉德　2007年12月15日　四季拍卖玉器、工艺品专场　第3656号

估　　价：无底价

成 交 价：RMB 6,720

007
铁梨木小书柜
年　　代：清
尺　　寸：长66厘米　宽38厘米　高90厘米
拍卖时间：浙江钱塘　2008年6月8日　春季艺术品拍卖会明清家具专场　第93号
估　　价：RMB 80,000—100,000

二二

008

瘿木官皮箱

年　　代：明

尺　　寸：长17厘米　宽20厘米　高33厘米

拍卖时间：北京诚铭　2007年11月18日　秋季拍卖会文房杂项专场　第726号

估　　价：RMB 65,000—90,000

009

嵌螺钿多宝格

年　　代：清

尺　　寸：长38.5厘米　宽30厘米

拍卖时间：福建省拍卖行厦门唐颂　2010年6月21日　古董珍玩专场　第313号

估　　价：RMB 150,000—180,000

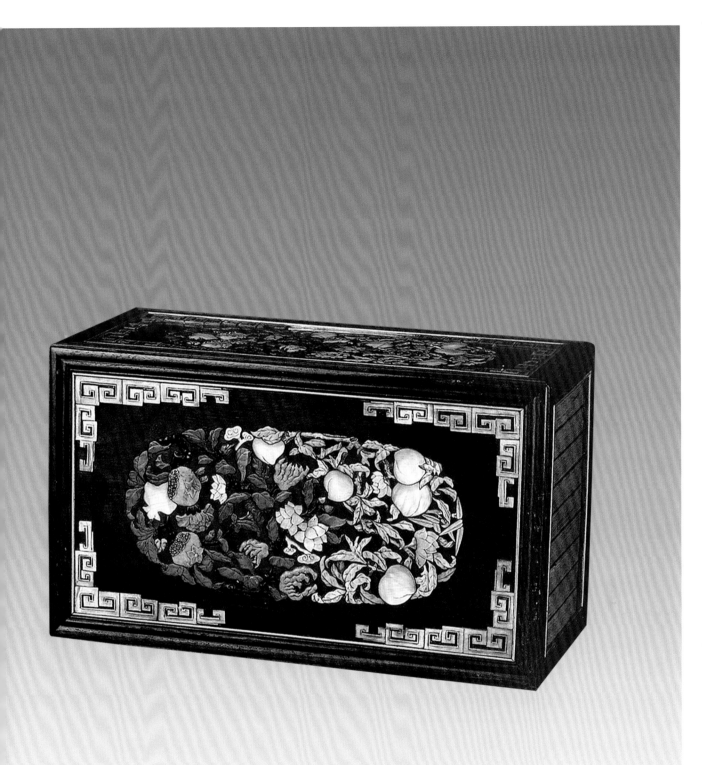

010

金丝楠木龙纹顶箱柜

年　　代：清

尺　　寸：长163厘米　宽66厘米　深313厘米

拍卖时间：中国嘉德　2010年6月19/20日　玉器、家具、工艺品　第4436号

估　　价：RMB 350,000—550,000

成 交 价：RMB 3,024,000

011
硬木方角顶竖柜
年　　代：清18—19世纪
尺　　寸：不详
拍卖时间：德国纳高　2011年5月6日　第26号
估　　价：不详

012

榉木有柜膛圆角柜（一对）

年　　代：清初

尺　　寸：高197厘米　宽105厘米

拍卖时间：1994年11月9日

估　　价：RMB 30,000—40,000

成 交 价：RMB 16,500

013

核桃木雕龙纹柜

年　　代：清早期

尺　　寸：长177厘米　宽193厘米

拍卖时间：中国嘉德（嘉德四季）　2011年6月20日　佳器遗构——明清家具构件及古典家具专场　第5418号

估　　价：RMB 250,000—350,000

014
御制鸡翅木镂雕螭龙纹器架
年　　代：清18世纪
尺　　寸：高74.5厘米
拍卖时间：伦敦佳士得　2011年5月10日　重要中国瓷器及工艺品　第169号
估　　价：GBP 20,000—30,000

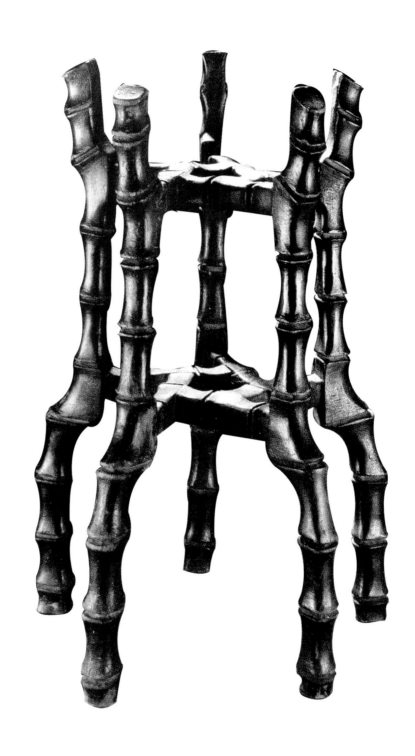

015

木雕竹节纹盘架

年　　代：清

尺　　寸：高41.5厘米

拍卖时间：北京保利　2010年10月24日　京华余晖——清宫木器杂项　第1430号

估　　价：无底价

成 交 价：RMB 7,840

016

榆木万字衣架

年　　代：清早期

尺　　寸：高173厘米　长155厘米　宽64厘米

拍卖时间：中国嘉德（嘉德四季）　2011年6月20日　佳器遗构——明清家具构件及古典家具专场　第5421号

估　　价：无底价

成 交 价：RMB 20,700

017

榉木朱红漆大圆角柜

年　　代：清早期

尺　　寸：高240厘米　长121厘米　宽60厘米

拍卖时间：中国嘉德（嘉德四季）　2011年9月19日　承古容今——古典家具专场　第5918号

估　　价：无底价

成 交 价：RMB 66,700

018

金丝楠木雕拐子龙纹顶箱柜

年　　代：清

尺　　寸：长143.7厘米　宽56.7厘米　高257厘米

拍卖时间：北京舍得　2011年12月17日　中国古典家具清代、民国红木专场　第81号

估　　价：RMB 250,000—350,000

019

方角大顶竖柜

年　　代：清中期

尺　　寸：高242厘米　宽144厘米　深51厘米

拍卖时间：德国纳高　2012年5月10日　春季拍卖会　第1018号

估　　价：60,000—100,000

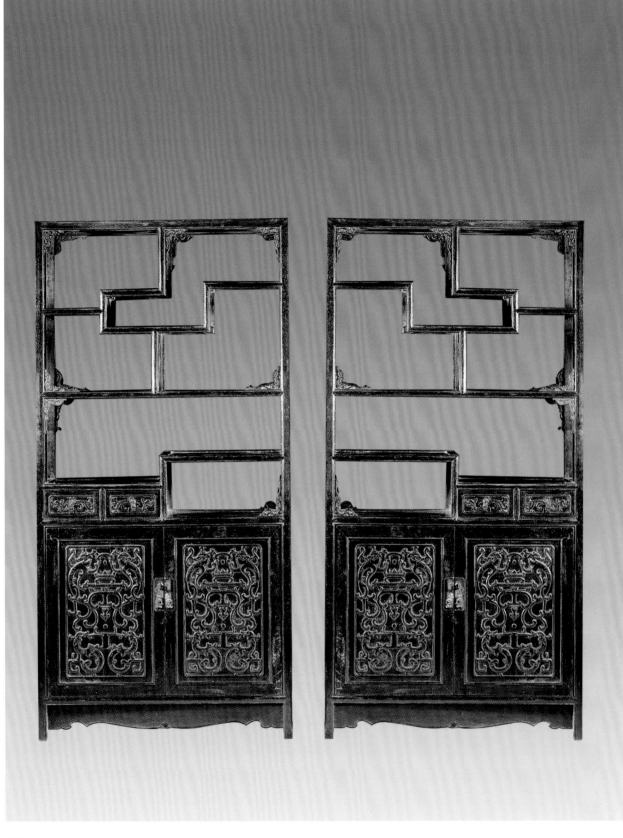

020
木雕螭龙瑞蝠纹书柜式多宝格（一对）
年　　代：清
尺　　寸：高189.8厘米　长95.9厘米　宽36厘米
拍卖时间：伦敦苏富比　2012年5月16日　中国陶瓷和艺术作品　第336号
估　　价：GBP 25,000—35,000

021
硬木雕龙衣架
年　　代：18世纪
尺　　寸：高188厘米　长204厘米　宽51.2厘米
拍卖时间：伦敦邦汉斯　2012年5月17日　中国艺术品　第166号
估　　价：GBP 3,000—35,000

022
鸡翅木圆角柜（一对）
年　　代：清
尺　　寸：高80厘米　长60.5厘米　厚27.7厘米
拍卖时间：伦敦邦汉斯　2012年5月17日　中国艺术品　第164号
估　　价：GBP 25,000—30,000

023
越南黄花梨圆角柜（两件）
年　　代：清
尺　　寸：长85厘米　宽45厘米　高175厘米
拍卖时间：北京翰海　2012年6月29日　四季拍卖古董珍玩（一）家具、杂项专场　第1126号
估　　价：RMB 180,000
成 交 价：RMB 207,000

024

花梨嵌雕花金漆板柜

年　　代：清

尺　　寸：长42厘米　宽89厘米　高124厘米

拍卖时间：北京翰海　2012年6月29日　四季拍卖古董珍玩（一）家具、杂项专场　第1143号

估　　价：RMB 6,000

成 交 价：RMB 6,900

025

鸡翅木连坐圆角柜

年　　代：清中期

尺　　寸：长76厘米　宽44厘米　高174厘米

拍卖时间：中国嘉德　1999年10月27日　秋季拍卖会古典家具专场　第1152号

估　　价：RMB 50,000—70,000

026
花梨嵌香妃竹雕花多宝架
年　　代：清
尺　　寸：长89厘米　宽36厘米　高123厘米
拍卖时间：北京翰海　2012年6月29日　四季拍卖古董珍玩（一）家具、杂项专场　第1146号
估　　价：RMB 8,000
成 交 价：RMB 23,000

027

硬木蓝地嵌八宝花鸟纹柜

年　　代：19世纪

尺　　寸：高230厘米

拍卖时间：中贸圣佳　2012年7月22日　春季艺术品拍卖会古典家具专场　第1668号

估　　价：RMB 350,000—500,000

成 交 价：RMB 402,500

028

榉木面条柜

年　　代：明

尺　　寸：高64厘米　长38厘米　宽19.8厘米

拍卖时间：南京正大　2006年11月26日　古典家具瓷器玉器专场　第74号

估　　价：RMB 30,000—50,000

屏蔽

中国古代柴木家具
拍卖投资考成汇典

ZHONG GUO GU DAI CHAI MU JIA JU
PAI MAI TOU ZI KAO CHENG HUI DIAN

001

粉彩安居乐业插屏

年　　代：清

尺　　寸：高42.5厘米

拍卖时间：北京翰海　2004年6月8日　春季拍卖会中国古董珍玩专场　第1868号

估　　价：RMB 28,000—38,000

成 交 价：**RMB 60,500**

002

粉彩山水人物插屏

年　　代：清

尺　　寸：高51.5厘米

拍卖时间：北京翰海　2004年6月8日　春季拍卖会中国古董珍玩专场　第1869号

估　　价：RMB 26,000—36,000

成 交 价：RMB 60,500

003

木嵌玉描金诗文小屏风

年　　代：清

尺　　寸：高20.5厘米

拍卖时间：北京翰海　2004年6月8日　春季拍卖会中国古董珍玩专场　第2086号

估　　价：RMB 300,000—400,000

成 交 价：RMB 308,000

004
百宝嵌花鸟图挂屏（一对）
年　　代：清乾隆
尺　　寸：长106厘米　宽76厘米
拍卖时间：中国嘉德　2004年11月6日　瓷器家具工艺品　第394号
估　　价：RMB 700,000—900,000

005
粉彩山水瓷板插屏
年　　代：清
尺　　寸：长56厘米　宽54厘米
拍卖时间：雍和嘉诚　2007年5月20日　中国古董珍玩　第1219号
估　　价：RMB 70,000—100,000

006

硬木地镜

年　　代：清

尺　　寸：长130厘米　宽60厘米　高200厘米

拍卖时间：雍和嘉诚　2007年5月20日　中国古董珍玩　第1347号

估　　价：RMB 110,000—150,000

007

祁阳石雕松竹梅插屏

年　　代：清

尺　　寸：高47.8厘米

拍卖时间：中贸圣佳　2008年6月7日　春季艺术品拍卖会中国古董珍玩专场　第87号

估　　价：RMB 120,000—180,000

成 交 价：RMB 134,400

008
楠木隔屏四扇
年　　代：清乾隆
尺　　寸：长260厘米　宽77厘米
拍卖时间：浙江钱塘　2008年6月8日　春季艺术品拍卖会明清家具专场　第96号
估　　价：RMB 80,000—100,000

009
楠木雕仙人挂屏（一对）
年　　代：清
尺　　寸：长177厘米　宽82厘米
拍卖时间：江苏爱涛　2008年6月28日　古董珍玩——瓷器杂件专场　第453号
估　　价：RMB 250,000—300,000

010
榉木镶黄杨木人物纹屏风（十二扇）

年　　代：清

尺　　寸：高150厘米　宽27厘米

拍卖时间：2005年10月30日

估　　价：RMB 180,000-200,000

011
云石挂屏（四扇之三扇）
年　　代：清中期
尺　　寸：高90厘米　宽180厘米
拍卖时间：1998年5月9日
估　　价：RMB 250,000—280,000

012
硬木嵌钧瓷挂屏（四屏）
年　　代：清
尺　　寸：高115厘米
拍卖时间：2004年1月8日
估　　价：RMB 28,000

013

象牙彩雕四妃十六子图插屏

年　　代：清乾隆

尺　　寸：长74厘米　高83厘米

拍卖时间：华辰拍卖　2010年5月15日　荷香书屋拾珍——张宗宪先生收藏　第1057号

估　　价：RMB 800,000—1,200,000

014
阮元款云石挂屏（四条）
年　　代：清
尺　　寸：宽24.5厘米　高94.5厘米
拍卖时间：新华富邦　2009年8月16日　夏季艺术品拍卖会典藏家具专场　第116号
估　　价：RMB 700,000—1,100,000
成 交 价：RMB 918,400

015

象牙雕二乔抚琴图插屏

年　　代：清乾隆

尺　　寸：长28.8厘米　宽14厘米

拍卖时间：北京歌德　2009年11月22日　文房清供　第1050号

估　　价：RMB 72,000—100,000

016

珊瑚红地粉彩开框吉庆如意挂屏（一对）

年　　代：清乾隆

尺　　寸：宽28厘米　高68厘米

拍卖时间：2010年1月3日　上海大众　新海上雅集2009秋季拍卖会——海上集珍　第887号

估　　价：RMB 450,000

成 交 价：RMB 896,000

017
大理石画插屏
年　　代：清
尺　　寸：高55.5厘米
拍卖时间：北京万隆　2010年1月8日　古董珍玩专场　第1457号
估　　价：无底价

018

张轮远跋大理石浮云挂屏

年　　代：清晚期

尺　　寸：长106厘米　宽75厘米

拍卖时间：北京永乐　2009年5月31日　明清工艺品　第426号

估　　价：RMB 120,000—180,000

成 交 价：RMB 134,400

019
榆木雕龙纹镂空槅扇（八扇）
年　　代：清
尺　　寸：高57.5厘米　宽244厘米(单扇)
拍卖时间：2000年7月3日
估　　价：RMB 35,000-40,000

020
掐丝珐琅十八学士图插屏
年　　代：明末清初
尺　　寸：长61.5厘米　宽43.3厘米
拍卖时间：中国嘉德　2010年5月16日　金错花镌——宫廷陈设掐丝珐琅　第2479号
估　　价：RMB 800,000—1,200,000
成 交 价：RMB 806,400

021

掐丝珐琅人物插屏

年　　代：明末清初

尺　　寸：直径35厘米

拍卖时间：中国嘉德　2010年5月16日　金错花镂——宫廷陈设掐丝珐琅　第2478号

估　　价：RMB 480,000—680,000

022
鸡翅木深雕山水楼台图挂屏
年　　代：清乾隆
尺　　寸：长95.8厘米　宽73.8厘米　高5.3厘米
拍卖时间：永乐佳士得　2010年5月18日　明清工艺精品　第655号
估　　价：RMB 600,000—700,000

023
大理石剑门迎晖图挂屏
年　　代：民国
尺　　寸：长71.7厘米　宽61.5厘米
拍卖时间：永乐佳士得　2010年5月18日　明清工艺精品　第691号
估　　价：RMB 40,000—50,000
成 交 价：RMB 190,400

一
八
六

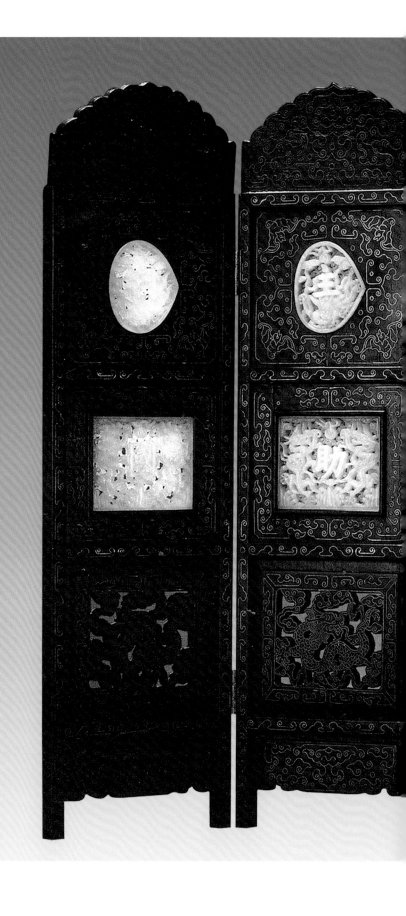

024

乌木嵌银丝镶玉砚屏

年　　代：明

尺　　寸：高44厘米

拍卖时间：北京匡时　2010年6月6日　瓷玉工艺品专场　第1297号

估　　价：RMB 550,000—6 00,000

025

缂丝山水人物葫芦挂屏（二件）

年　　代：清乾隆

尺　　寸：高91厘米

拍卖时间：北京翰海　2010年6月7日　春季拍卖会古董珍玩专场　第2969号

估　　计：RMB 2,200,000—2,800,000

成 交 价：RMB 3,136,000

026
粉彩戏彩娱亲插屏
年　　代：民国
尺　　寸：高43厘米
拍卖时间：中国嘉德　2010年11月21日　絜古怡情——墨痴楼座右长物　第2309号
估　　价：RMB 200,000—300,000
成 交 价：RMB 246,400

027

祁阳石屏风

年　　代：清

尺　　寸：屏心　长21厘米　宽1.3厘米　高48.6厘米　带座通　高38厘米

拍卖时间：西泠印社　2010年7月6日　文房清玩——古玩杂件专场　第2881号

估　　价：RMB 30,000—50,000

成 交 价：RMB 33,600

028
行有恒堂制人物砚屏
年　　代：清道光
尺　　寸：高18.4厘米
拍卖时间：中国嘉德　2010年11月21日　絜古怡情——墨痴楼座右长物　第2293号
估　　价：RMB 200,000—300,000
成 交 价：RMB 492,800

029

硬木浮雕山水人物四扇屏

年　　代：清

尺　　寸：高114厘米　宽41厘米(单扇)

拍卖时间：2005年1月7日

估　　价：RMB 100,000—120,000

030
秋山深远大理石插屏
年　　代：清
尺　　寸：高56.5厘米
拍卖时间：中国嘉德　2010年11月21日　瞻麓斋旧藏——嘉怡珍赏　第2251号
估　　价：RMB 40,000—60,000
成 交 价：RMB 44,800

031

祁阳石渔樵耕读小座屏

年　　代：清中期

尺　　寸：高28厘米

拍卖时间：北京保利　2008年5月31日　缕烟凝香专场　第2262号

估　　价：RMB 30,000—50,000

成 交 价：RMB 33,600

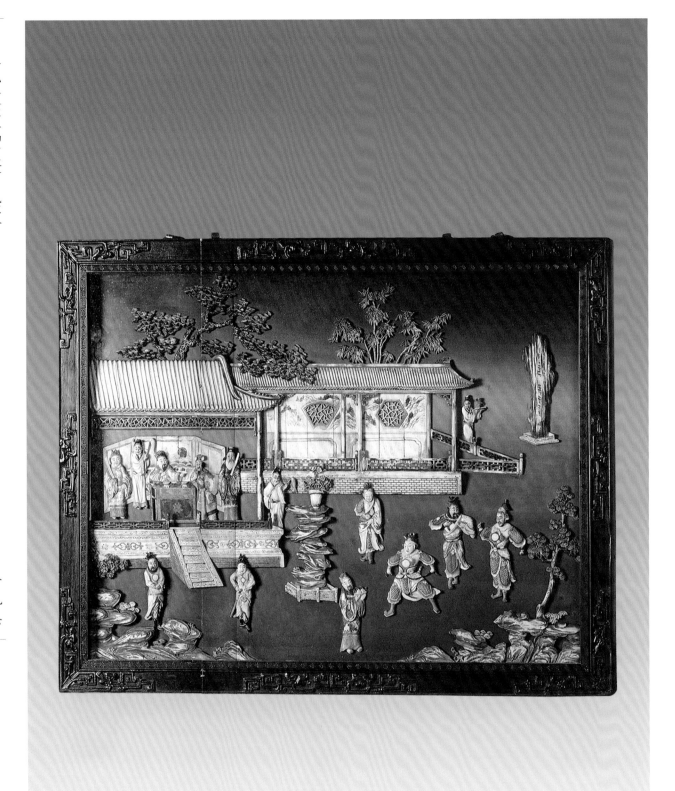

032
象牙加彩嵌人物挂屏
年　　代：清乾隆
尺　　寸：长75厘米　宽55厘米
拍卖时间：福建省拍卖行厦门唐颂　2011年7月3日　匠心独运——明清象牙专场　第723号
估　　价：RMB 400,000—500,000
北京纳高2011年7月6日文房清供专场

033
祁阳石插屏
年　　代：民国
尺　　寸：屏心　长52.5厘米　宽43.8厘米　高79.9厘米
拍卖时间：西泠印社　2010年7月6日　文房清玩——古玩杂件专场　第2880号
估　　价：RMB 150,000—180,000

一九八

034
鸡翅木嵌瘿木白玉兰花屏风
年　　代：清
尺　　寸：188×154厘米
拍卖时间：上海大众拍卖　2011年8月25日　新海上雅集——海上集珍——瓷、玉、工艺品专场　第542号
估　　价：RMB 80,000
成 交 价：RMB 161,000

035
云石插屏
年　　代：清中期
尺　　寸：高99厘米
拍卖时间：永乐佳士得　2011年11月15日　重要明清瓷器、金锭及工艺精品　第167号
估　　价：RMB 150,000—180,000
成 交 价：**RMB 287,500**

035
云石插屏（背面）

036
楠木嵌檀香沉香人物插屏
年　　代：清
尺　　寸：高44厘米　长25厘米
拍卖时间：宁波富邦　2012年2月11日　迎春拍卖会典藏家具专场　第262号
估　　价：RMB 28,000—38,000
成 交 价：RMB 35,840

037

贴黄雕关帝像插屏

年　　代：清

尺　　寸：高54厘米　宽38厘米

拍卖时间：宁波富邦　2012年2月11日　迎春拍卖会典藏家具专场　第263号

估　　价：RMB 20,000—30,000

成 交 价：RMB 22,400

038
螺钿庭院人物砚屏
年　　代：清
尺　　寸：高35厘米　长37厘米　宽14厘米
拍卖时间：东京中央　2012年2月23日　古董珍藏　第1912号
估　　价：JPY 80,000—120,000

文房及其他

中国古代柴木家具
拍卖投资考成汇典
ZHONG GUO GU DAI CHAI MU JIA JU
PAI MAI TOU ZI KAO CHENG HUI DIAN

001

木雕金彩牡丹纹如意

年　　代：清

尺　　寸：50厘米

拍卖时间：中国嘉德　1999年4月21日　瓷器、漆器、工艺品、家具　第1015号

估　　价：RMB 25,000—35,000

002
樟木“墨”字匾
年　　代：清
尺　　寸：高74厘米　宽49厘米
拍卖时间：1998年5月9日
估　　价：RMB 6,000-10,000

003
随形瘿木摆件
年　　代：清早期
尺　　寸：长31厘米　厚1厘米　高49厘米
拍卖时间：中国嘉德　1999年10月27日　秋季拍卖会古典家具　第1161号
估　　价：RMB 25,000—35,000
成 交 价：RMB 27,500

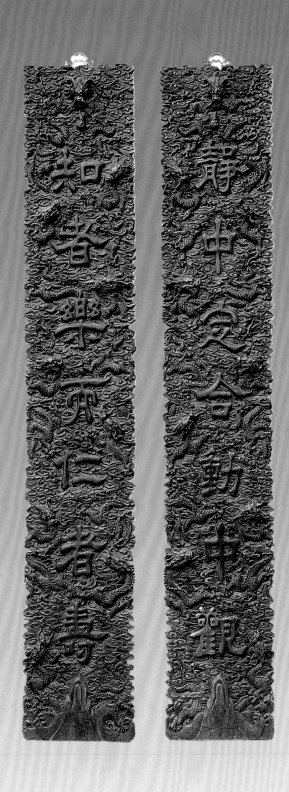

004
木雕云龙纹隶属楹联（一对）
年　　代：清
尺　　寸：高150厘米
拍卖时间：2001年6月27日
估　　价：RMB 10，000
成 交 价：RMB 33，000

005
花梨木文具箱
年　　代：清
尺　　寸：高23.5厘米
拍卖时间：中国嘉德　2007年12月15日　四季拍卖玉器、工艺品专场　第3573号
估　　价：RMB 18,000—28,000

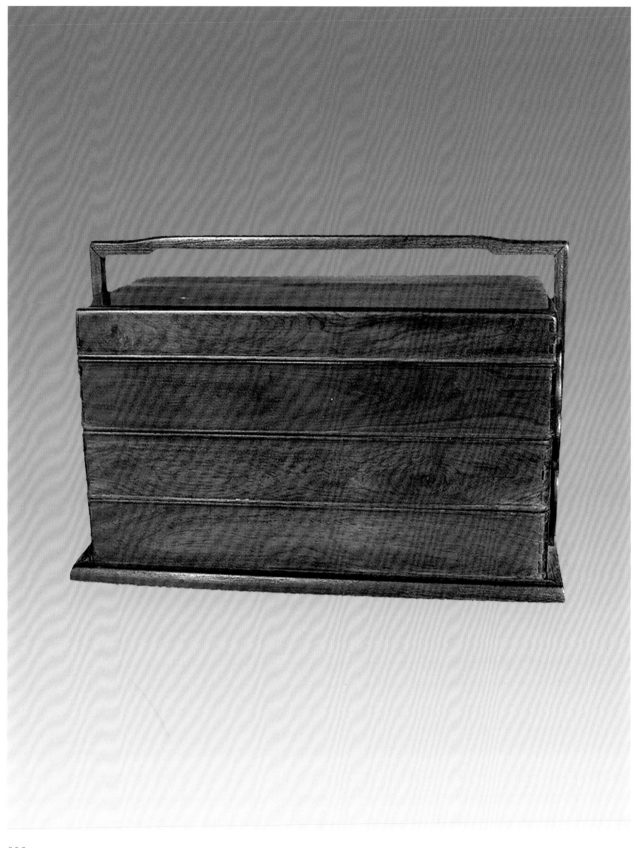

006

花梨提箱

年　　代：清

尺　　寸：长34.7厘米

拍卖时间：中国嘉德　2007年12月15日　四季拍卖玉器、工艺品专场　第3574号

估　　价：RMB 5,000—8,000

成 交 价：RMB 12,320

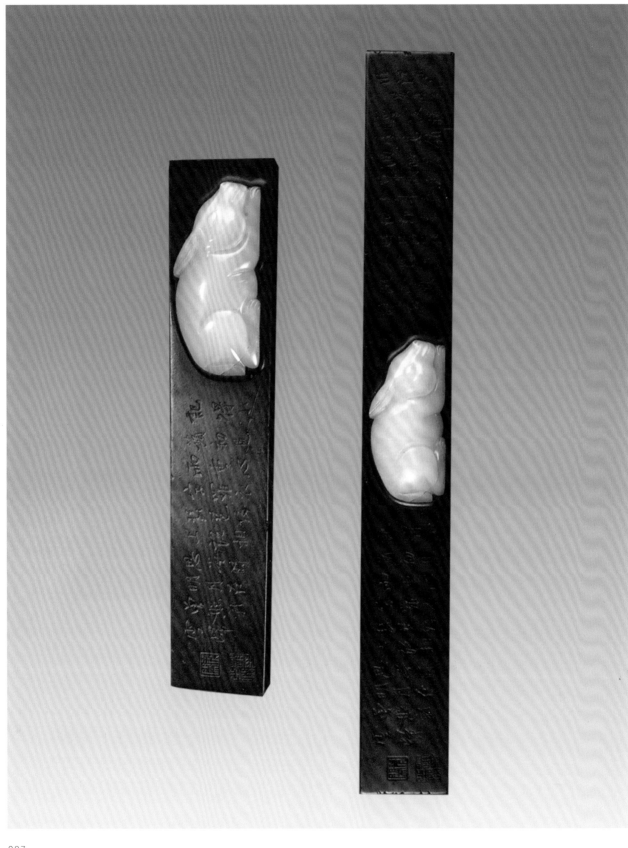

007
楠木题诗嵌白玉兔镇纸
年　　代：清中期
尺　　寸："赵之琛"款　长37厘米
拍卖时间：北京保利　2011年6月5日　有感于斯文——宫廷逸趣与诗、书、画、印　第7171号
估　　价：RMB 300,000—400,000
成 交 价：RMB 483,000

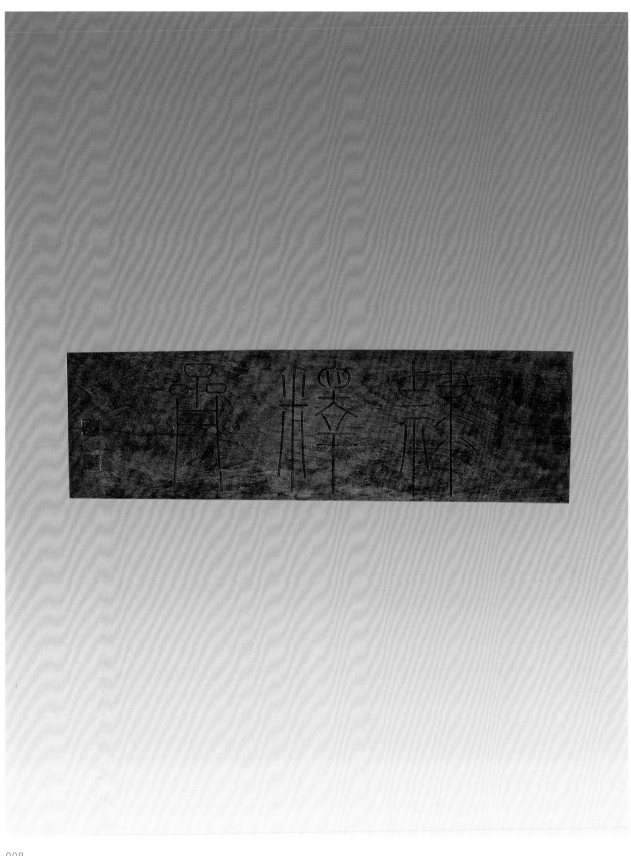

008

金丝楠木刻"隶释斋"匾

年　　代：清

尺　　寸：长150厘米

拍卖时间：2009年7月5日　上海大众　新海上雅集——江南旧韵　第394号

估　　计：RMB 30,000

成 交 价：RMB 61,600

009

宁式嵌骨镂雕花板

年　　代：清

尺　　寸：宽61厘米　高210厘米

拍卖时间：新华富邦　2009年8月16日　夏季艺术品拍卖会典藏家具专场　第108号

估　　价：RMB 3,000—6,000

成 交 价：RMB 6,720

010
楠木刻书法对匾
郭尚先、陈希祖行书刻款
年　　代：清
尺　　寸：长120厘米　宽53.5厘米
拍卖时间：宁波富邦　2012年2月11日　迎春拍卖会典藏家具专场　第310号
估　　价：RMB 28,000—38,000
成 交 价：RMB 31,360

011
楠木漆地描金 "毓秀"、"钟英" 匾额
年　　代：清光绪
尺　　寸：高46厘米　长77.5厘米
拍卖时间：北京保利　2010年10月24日　京华余晖——清宫木器杂项　第1394号
估　　价：无底价
成 交 价：RMB 89,600

011
楠木漆地描金 "毓秀"、"钟英" 匾额

012
雍正朱批谕旨箱
年　　代：清雍正
尺　　寸：高31厘米　长44厘米　厚23厘米
拍卖时间：北京保利　2010年10月24日　京华余晖——清宫木器杂项　第1457号
估　　价：无底价
成 交 价：RMB 28,000

013
柞枝木书箱（一组）
年　　代：清乾隆
尺　　寸：长70厘米　宽37.5厘米　高39厘米
拍卖时间：北京舍得　2010年12月16日　秋季明清家具专场　第93号
估　　价：RMB 40,000—50,000

014

瘿木箱

年　　代：明

尺　　寸：高14厘米　宽36.6厘米　深21.2厘米

拍卖时间：中国嘉德　2011年5月21日　读往会心——侣明室藏明式家具　第3331号

估　　价：RMB 60,000—90,000

成 交 价：RMB 115,000

015
柞榛木板箱
年　　代：清
尺　　寸：高22厘米　宽38.5厘米　深20厘米
拍卖时间：南京正大　2006年7月16日　中国明清古典家具　第44号
估　　价：RMB 4,000

二二二

016
象牙吉庆有鱼宫灯（一对）
年　　代：清乾隆
尺　　寸：高41.2厘米
拍卖时间：福建省拍卖行厦门唐颂　2011年7月3日　匠心独运——明清象牙专场　第690号
估　　价：RMB 3,500,000—4,500,000

017

瘿木小盒

年　　代：清

尺　　寸：高7厘米　长20厘米　宽10厘米

拍卖时间：中国嘉德（嘉德四季）　2011年9月19日　承古容今——古典家具专场　第5877号

估　　价：无底价

成 交 价：RMB 10,350

018

榉木脚踏

年　　代：清中期

尺　　寸：高15厘米　长77厘米　宽55厘米

拍卖时间：中国嘉德（嘉德四季）　2011年9月19日　承古容今——古典家具专场　第5928号

估　　价：无底价

成 交 价：RMB 6,900

019
楠木描金庭园人物图官皮箱
年　　代：清初
尺　　寸：长29厘米　宽32厘米　高34厘米
拍卖时间：浙江佳宝　2011年12月28日　长物江南——私人珍藏专场　第113号
估　　价：RMB 100,000—150,000

020

乌木透雕西蕃莲纹捧盒

年　　代：清乾隆

尺　　寸：长33.1厘米　宽20.8厘米　高13厘米

拍卖时间：北京翰海　2009年11月11日　十翠轩——文人雅玩集萃　第3024号

估　　价：RMB 38,000—48,000

成 交 价：RMB 44,800

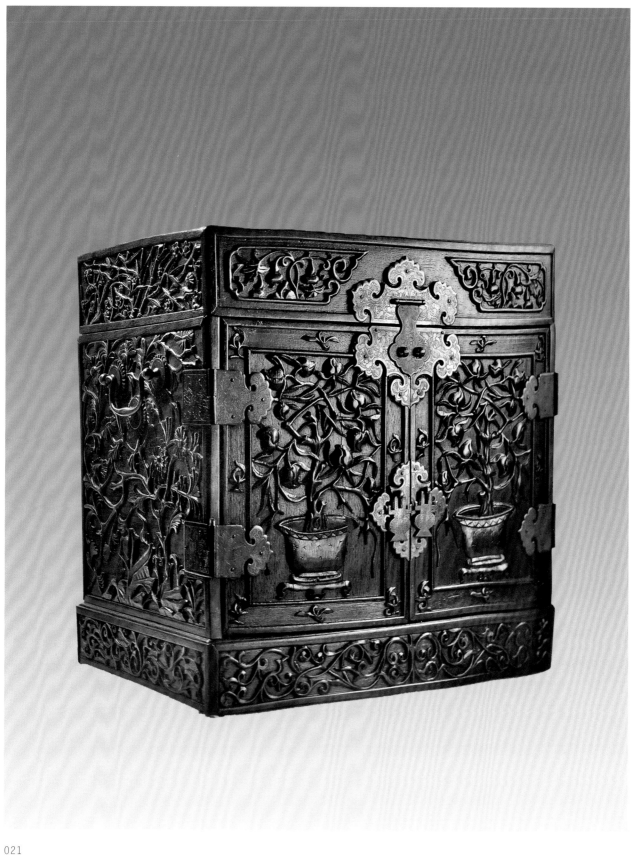

021
精美浮雕花果纹镜箱
年　　代：17—18世纪
尺　　寸：高40.5厘米　宽42厘米　深27.5厘米
拍卖时间：德国纳高　2012年5月10日　春季拍卖会　第1019号
估　　价：EUR 19,000—25,000

022

沉香木雕松树杯

年　　代：清早期

尺　　寸：宽18.9厘米

拍卖时间：北京保利　2012年12月7日　中国古董珍玩　第7780号

估　　价：RMB 120,000—160,000